1829

EPITRE

DE M. DE VERRIERE,

A

M. DE VOLTAIRE.

Du 10. Février 1736.

Le prix est de 12. sols.

A PARIS,

Chez PRAULT fils, Quay de Conty, vis-à-vis la
descente du Pont-Neuf, à la Charité.

M. DCC. XXXVI.
Avec Approbation & Privilege dn Roy.

AVERTISSEMENT.

*O*N *eſt trop éclairé ſur tout ce qui tient à M. de Voltaire, pour avoir beſoin de ſecours dans la lecture de cette Epître ; cependant, pour plus de ſûreté, j'ai jetté à la traverſe quelques Notes, qui ſerviront à qui ſe les croira néceſſaires.*

EPITRE
DE M. DE VERRIERE,
A
M. DE VOLTAIRE.

Du 10 Février 1736.

BRILLANT appui de la Tragique Scêne,
Digne ornement de la Cour d'une
   Reine ; *(a)*
   Qui ne connoît qu'Apollon pour son
   Roi,
Pour vrais Sujets, les Voltaires d'Athêne, *(b)*
Et, pour amis, tes deux Maîtres *(c)* & toi ;
Gloire d'un siécle à qui l'éclat de l'autre

(a) Melpomene.
(b) Sophocle & Euripide.
(c) CORNEILLE & RACINE.

A ij

Permettoit peu de briller comme lui,
Et qui, par toi, fait douter aujourd'hui
Qui doit céder du dernier, ou du nôtre :
Chantre d'Alzire (d), Organe harmonieux
Des Sentimens & de la voix des Dieux,
Charmes de l'Art, Graces de la Nature,
Souverain né de l'Empire des Vers,
D'un des amans d'une Muse si pure,
Reçois l'hommage & les vœux les plus chers. (e)

    Jusqu'à ce jour, qui pour toi vient d'éclore,
Jour de triomphe & de haute splendeur,
Jour que hâtoit ma soif de ta grandeur,
Et dont mes yeux ont toujours vû l'aurore ;
Jusqu'à ce jour, dans mon cœur empressé,
J'ai contenu les mouvemens rapides,
Dont m'agitoient les présages solides,
Que tu soûtiens, & qui t'ont annoncé.

    Mais aujourd'hui que la lumiere frappe,
Qu'à ses rayons aucune ombre n'échappe,

(d) Derniere Tragedie de M. de Voltaire. *Voyez ci-après la* notte S.

(e) Ces quatre derniers Vers étoient ainsi,
    Homme céleste & Dieu de race humaine,
    Souverain né de l'Empire des Vers,
    D'un des vassaux de ton divin Domaine,
    Reçois l'hommage & les vœux les plus chers.
Mais la qualification de demi-Dieu ayant été trouvée trop forte par des personnes d'esprit & de goût, je les ai supprimés.

Que tout Paris étonné, réüni,
Avec transport, vient de te reconnoître
Au point sublime où tu devois paroître ;
Que les erreurs (*f*) d'un préjugé banni,
Cédent sans peine au mérite suprême,
Frapé du sceau de la vérité même,
Je puis enfin, sûr que, dans mes discours,
Le monde entier parlera par ma bouche,
M'ouvrir à toi sur tout ce qui te touche ;
Sur les honneurs qui marqueront tes jours,
Sur les travaux qui rempliront leur cours.

Puis-je, dis-moi, jeune & trop foible encore,
Presque sans nom, peut-être sans talens,
Par la Fortune enchaîné, de tout tems,
A des emplois, trop absolus tyrans,
Qu'en les servant, je respecte & j'abhorre,
Où, malgré moi, moi-même je m'ignore,
Puis-je fournir à des desseins si grands ?

Oui, de toi-même, avec toute la terre,
Ma Muse peut discourir aujourd'hui :
Mon sort m'éleve ; en parlant à VOLTAIRE,
Je ne puis être un Poëte vulgaire :
Je l'envisage, & parle comme lui.

(*f*) Injustes soupçons détruits par le dénoûment d'Alzire,
où la Religion triomphe.

Dès que forti du cahos de l'enfance ;
Dans mon efprit le jour eut pris naiffance,
Et que la main qui dirige nos corps,
Eut de mes fens déployé les reflorts,
Le premier bruit qui vint à mon oreille,
D'où je connus & Sophocle & Corneille,
Ce fut le bruit que dans le monde ont fait,
Le nom d'Oedipe (g) & le nom d'ARROÜET.

Du Beau, du Grand, par cette œuvre, fondée,
L'idée ainfi fut ma premiere idée ;
Et, du flambeau de ton premier renom,
Fut allumé le feu de ma raifon :
De ce tréfor j'enrichis ma mémoire,
Et mon fçavoir s'accrut avec ta gloire.

Le malheureux & cruel Roi des Juifs, (h)
Fit naître en moi des fentimens plus vifs.
Je déteftai toute fureur jaloufe :
Je le plaignis, je pleurai fon époufe ;
De tant d'attraits & de tant de malheurs,
J'appris l'amour, j'appris les tendres pleurs.

Au même inftant, avec plus d'avantage,

(g) Premiere Tragedie de M. de Voltaire, en 1718.

(h) *Herode & Mariamne*, deuxiéme Tragedie de M. de Voltaire, en 1724. Il avoit fait auparavant *Xerxès* & *Artémire*, deux autres Tragedies ; mais il avoit retiré l'une, & n'avoit pas jugé à propos de donner l'autre.

Le grand Henri (*i*) rehausse mon courage.

Je l'accompagne en ses vaillans exploits :

Il me remplit de respect pour les loix,

De probité, d'amour pour l'héroïsme,

Et de clémence, & d'horreur pour tout schisme.

Tu peins ce Roi, tel que l'ont vû les lys ;

Mais à tel point tes traits sont ennoblis,

Qu'il est plus grand & qu'Auguste (*k*) & qu'Achille,

Et que tu fais plus qu'Homere & Virgile.

    Bientôt après l'inflexible Brutus (*l*)

Me fait aimer ses farouches vertus :

Adélaïde, Artémire, Eriphile, (*m*)

César (*n*), où Rome est dans tout son orgueil ;

(*i*) La *Henriade*, Poëme Epique de M. de Voltaire, qui parut en 1724. peu de tems après *Herode & Mariamne*, sous le titre de *la Ligue*.

(*k*) Auguste est ici préféré à Enée, parce qu'en effet Virgile n'avoit composé l'Enéide que pour flater l'Empereur & les Romains ; & qu'au fonds Auguste est un autre homme à citer que le pieux & débonnaire fils d'Anchise.

(*l*) Autre Tragedie de M. de Voltaire, une des mieux versifiée qu'il y ait au Théatre. Il la donna à son retour d'Angleterre ; & il parut qu'il n'y avoit pas peu fortifié son génie.

(*m*) Autres Tragedies de M. de Voltaire, où l'on reconnoît toujours le même Poëte.

(*n*) Tragedie en trois Actes de M. de Voltaire, représentée pour la premiere fois, il y a quatre ou cinq ans, sur un Théatre particulier, & au mois d'Août de l'année derniere, au Collége d'Harcourt. On pretend que l'Auteur y doit ajouter deux Actes pour la donner aux Comédiens ; & c'est peut-être une de celles où la grandeur & la vertu Romaines paroissent dans leur plus beau jour, & dont la conduite soit plus réguliere.

Sujet pompeux, de tout autre l'écueil,

Qui retentit, fans en fraper les traces,

De tous les tons du Chantre (o) des Horaces :

Le même en tout, toujours homme nouveau,

Tous traits divers, toujours même pinceau.

Zaïre (p) enfin ; que d'amour ! que de charmes !

Que d'intérêt, de plaifirs & de larmes !

Confole-toi, Zaïre, de ton fort ;

Ton amant meurt, & j'éprouve fa mort.

Quel conquerant (q), d'une rapide courfe,

Vient jufqu'à nous des rivages de l'Ourfe ?

Son bras vient-il ravager nos Etats ?

Non. Plus de Mars, ni de fanglans combats ;

(o) Corneille.

(p) Autre Tragedie de M. de Voltaire ; qui parut en 1730.
& qui eut, en plein Eté, plus de trente repréfentations. Orof-
mane qui croit Zaïre infidelle, la tuë ; & la reconnoiffant à
l'inftant innocente, il fe donne la mort : fituation des plus tou-
chante, & une de celles que le Spectateur partage le plus.

(q) Hiftoire de Charles XII. Roi de Suede, l'Alexandre
du Nord, écrite par M. de Voltaire ; elle a fait dire qu'il écri-
voit auffi bien en Profe qu'en Vers, & qu'il étoit auffi grand
Hiftorien que bon Poëte, qualités que nos Poëtes, jufques à
prefent, n'avoient pas réünies, non plus que celles de vrais
Epiques, Tragiques, Liriques, &c. On auroit pû rappeller
beaucoup d'autres Ouvrages de M. de Voltaire, qui ne méritent
guéres moins d'éloges, & entr'autres fon *Effai fur le Poëme
Epique*, Traité auffi folide & profond, que fpirituel & élégant,
Mais c'eût été trop étendre les bornes : l'Epître eft déja affez
longue ; & d'ailleurs, en fait de loüanges, il y a de l'affectation
à tout dire.

Charles n'eft plus. C'eft un autre Alexandre,
Qu'un nouveau Curce (r) évoque de fa cendre;
Et qui, vivant en d'immortels écrits,
Vient à jamais conquérir nos efprits.

    Mais quels écrits ! Quels nouveaux idiômes !
Eft-ce VOLTAIRE, & Phébus peu jaloux,
S'abaiffe-t-il à parler comme nous?
Tu nous apprends à tous tant que nous fommes,
Toi qui décris ces travaux glorieux,
Comment ce Dieu parle comme les hommes,
Et tient toujours le langage des Dieux.

    Tant de beautez fuffifoient à ton luftre;
Et tu pouvois te flatter d'être illuftre;
Mais le grand nom ne fait pas le vrai nom:
Plus haut encore eft le parfait renom.
Le Vrai, le Beau, fans taches, fans mélange,
Arrêtent feuls un fort qui fouvent change,
Et feuls garans de l'immortalité,
Forcent le fiécle & la poftérité.

    Si, des amis que t'a faits ton mérite,
Le plus ardent & le moins hypocrite,

(r) *Quinte-Curce.* On fçait les quatre Vers que M. de Voltaire fit pour réponfe au portrait qu'on fit de lui en Profe l'année derniere.

> *Sçais-tu que celui dont tu parles,*
> *D'Apollon eft le favori;*
> *Qu'il eft le Quinte-Curce de Charles,*
> *Et l'Homere du grand Henri?*

Peut te montrer la vérité fans fard,
Il te manquoit ce dernier coup de l'Art.
Je l'attendois ; &, dans ton ame émûë,
Je le voyois prêt à fendre la nuë :
Je te voyois franchir, d'un libre effor,
Le dernier ciel qui te couvroit encor.

L'illufion d'une erreur éclatante
N'a point féduit mon ame impatiente ;
Et l'Univers vient de te voir monter
Ce grade extrême, & fait pour te porter.
Alzire ; (s) eh quoi ! que dirois-je d'Alzire ?

(s) Repréfentée pour la premiere fois le 27 Janvier dernier. Lorfque cette Epitre a été écrite, cette Pieçe étoit encore
unanimement regardée comme un Ouvrage auffi parfait qu'une
Tragedie puiffe l'être. Il s'eft élevé depuis, & à l'ordinaire,
beaucoup de Critiques, mais toutes également frivoles. Il eft
furvenu une Parodie. On fçait ce que c'eft que ces fortes
d'Ouvrages. C'eft un Roi qu'on vétiroit de haillons : il feroit
rire, & ne feroit pas moins Roi. Il demeurera fans doute pour
conftant, que le premier, le troifiéme, & le cinquiéme Actes
d'Alzire font, peut-être, les plus beaux qu'on ait mis fur la
Scéne. Le deuxiéme & le quatriéme ne peuvent fournir les
mêmes fituations ; mais ils ne cedent en rien aux autres pour
l'interêt. La feule Scéne d'Alvarès & de Zamore au deuxiéme,
forme un tableau des plus intereffant. Perfonne ne s'eft plaint
du dénoûment : il feroit difficile en effet de l'attaquer ; il y en a
peu d'auffi noble, d'auffi naturel, & de fi bien fufpendu par la
terreur & par l'inquiétude, & en même tems de fi flateur. Le
Tragique a produit fon effet, & l'on fort du Spectacle le cœur
content. Si l'on veut fe donner la peine d'examiner l'Ouvrage
fans prévention, on n'y trouvera que des caracteres vrais &
foutenus, & une conduite telle qu'elle eft ici décrite. A l'égard
des impreffions & des charmes Poëtiques, il n'y a perfonne qui
ne les ait éprouvés.

Elle t'y place, & ce mot doit suffire ;
La Renommée en parle, &, cette fois,
Toutes ses voix ne forment qu'une voix.

D'un tel sujet & de tels personnages,
Qui peut tracer les riches avantages ?
Qui peut assez exprimer la terreur,
L'inquiétude & la noble fureur,
L'étonnement la beauté des contrastes,
Les sentimens & perfides & chastes,
Les liaisons, les dégrez, les rapports,
Les mouvemens, les graces, les transports,
Les incidens, les frappantes images,
Les traits hardis, profonds, sublimes, sages,
L'incomparable & parfait dénoûment,
D'un tel concours, heureux couronnement ;
Qui peut assez célébrer & décrire
Tout ce qu'Alzire embrasse, ou nous inspire ?

C'est le seul bien, digne d'être vanté,
Que le Pothose (t) ait jamais enfanté :
De deux trésors que son sein a fait naître,
Celui ci l'est ; l'autre passe pour l'être.
Qui l'eût pensé que, de ce bord obscur,
Il se levât pour nous un jour si pur ;
Et que des mœurs si rudes, si sauvages
Pussent, sans honte, habiter nos rivages ?

(t) Le Perou.

Mais il n'est rien d'invincible pour toi :
Notre hémisphere avoit subi ta loi ;
Et, par l'effort de tes rimes fécondes,
Ton art enfin t'asservit les deux mondes.

    Joüis, ami, d'un si charmant destin,
Regne, triomphe, & souffre que ma main,
Osant percer l'éclat qui t'environne,
Aille à ton front attacher la couronne ;
Et que ma voix, au nom de l'univers,
Redise aux Cieux, à la Terre, aux Enfers
Que d'Apollon le plus grand des Athletes,
Est devenu le meilleur des Poëtes.

    Poursuis, VOLTAIRE, & soutiens, tu le peux,
Et ce haut rang & ce titre pompeux.
Tu ne crains plus de glisser en arriere :
Ton dernier pas t'applanit la carriere ;
Et tu te vois au mois de ton Eté, (*n*)
Où le feu marche avec la fermeté.
Ainsi toujours le grava dans mon âme
Le trait puissant de la céleste flâme :
VOLTAIRE, après ses huit lustres remplis,
Verra bientôt ses talens accomplis.
Poursuis ; de toi, d'une si belle source,
Qui touche à peine au midi de sa course,
Que ne vont pas attendre & recuëillir

(*n*) M. de Voltaire est dans sa quarante-uniéme année.

L'âge qui coule & l'heureux avenir ?
  Déjà des sons terribles & sublimes,
Faits pour entrer dans des cœurs magnanimes,
Viennent saisir mon esprit transporté,
Et m'annoncer, sur de nouvelles rimes,
Du peuple Hébreu l'Alcide redouté. (*x*)
Quels coups de force, & quel mâle génie !
Quel Apollon, & quelle Polhymnie !
Que d'ennemis, de monstres terrassés !
Que de travaux, l'un sur l'autre, entassés !
Un triple bras, (*y*) pour ces exploits, s'assemble;
Et je crois voir trois Hercules ensemble.

  O vous, Orphée illustre, infortuné,
Dans votre sphere aujourd'hui ramené,
Pour Aricie (*z*) & vos Inchas (*aa*) vulgaires;

(*x*) Samsom *Opera*, qui doit paroître l'Hiver prochain, dont les paroles sont de M. de Voltaire, & la Musique de M. Rameau. J'ai parlé plus amplement de ce grand Musicien dans la troisiéme partie des *Memoires de Mr. de* ***.

(*y*) Samson, Rameau, Voltaire.

(*z* & *aa*) *Hyppolite* & *Aricie* & *les Indes galantes*, deux autres *Opera* de ce même Musicien, l'un donné en 1733. & repris au Carême 1734. & l'autre donné l'Eté dernier, & repris au Carême de cette année 1736. avec un Acte nouveau. Quoique les Auteurs des paroles de ces deux *Opera* ayent assurément beaucoup de mérite, qu'ils ayent produit d'autres Ouvrages qui ayent établi leur réputation, & qu'en mon particulier, iceux-là m'ayent semblé avoir des beautez très-convenables à la Musique, le Public n'a pas jugé qu'ils s'y fussent soûtenus. On reconnoît cependant l'Auteur des *Fêtes Grecques & Romaines*, dans le nouvel Acte des *Indes Galantes*,

Que n'avez-vous rencontré des Voltaires!

De Jeanne d'Arcq, (bb) ce héros, dans l'oubli,
Par Chapelain si bien enseveli,
J'entends déjà réveiller la mémoire,
Et consacrer sa merveilleuse histoire.
Est-ce un vain bruit, pur enfant du hazard?
J'entends aussi nommer Salmanasar. (cc)
Que de doux fruits de tes pénibles veilles,
Vont enchanter nos cœurs & nos oreilles!

Mais, si pour nous tu veux te conserver,
Longtems produire, & beaucoup achever,
Prends aujourd'hui, prends un nouveau sistême,
Et garde-toi, cher ami, de toi-même.
Rappelle-toi ce tems, ces tristes jours,
Où, succombant sous ton Adélaïde,
Tu vis sur toi lever la faulx perfide : (dd)
La France a vu ce labeur parricide,
Près de sécher sa fleur & ses amours.
En vain la Gloire ici-bas nous arrête,

(bb) *La Pucelle d'Orleans*, autre Poëme Epique de M. de Voltaire, & qui n'a pas encore paru.

(cc) Il y a environ six mois qu'on annonça à Paris, que M. de Voltaire venoit de faire deux Tragedies & un Poëme Epique, *Montezuma*, aujourd'hui *Alzire*, *Salmanazar*, & *la Pucelle*.

(dd) Tout le monde a sçû qu'il en avoit pensé coûter la vie à M. de Voltaire, pour avoir refondu en entier sa Tragedie d'*Adelaïde* en vingt-quatre heures; le bruit même de sa mort courut dans tout Paris.

D'un verd laurier diſtingue notre tête,
Et nous inſcrit ſur un marbre orgüeilleux,
Pour nous tranſmettre à nos derniers neveux:
Telle eſt, tu ſçais, la loi de la Nature,
Irrévocable, & peut-être trop dure:
Eût-il un temple, & fût-il ſur l'autel,
Le plus grand-homme eſt toujours un mortel.

　Plus qu'aucun autre, & ſans ta propre perte,
Sans nos malheurs, ſi nous l'avions ſoufferte,
De l'or ſacré dont ta trame s'ourdit,
Tu dois uſer en prodigue interdit,
Toi, qu'une force âpre, prématurée
A menacé d'une courte durée,
Et dont le feu ſe dévorant toujours,
Ne vit jamais qu'aux dépens de tes jours.

　Modere donc cette ardeur qui t'enflâme:
Avec ton corps accorde mieux ton âme;
Dans cette route, où l'œil ne te ſuit pas, (*ee*)
Avec lenteur, hâte toujours tes pas.

　Hélas, combien de propices journées,
A tant d'humains, ſont en vain deſtinées!
Honte du jour, du monde vil fardeau,
Qu'auront-ils fait, au moment du tombeau?

──────────

(*ee*) On ſçait avec quelle rapidité M. de Voltaire compoſe ſes plus beaux Ouvrages, & l'on ſe ſouviendra toujours que *Zaïre*, une de ſes meilleures Pieces, ne lui a coûté que trois ſemaines.

Que ne peut-on, pour accroître une vie,
De tant d'honneurs & de travaux suivie,
Accumuler, par un subside heureux,
Tant de beaux jours, perdus & ténébreux;
Et que ne puis-je, en me taxant moi-même,
Faciliter un si noble sistême,
Et te prouver, par le mépris des miens,
Combien je sens de quel prix sont les tiens.

FIN.

L'Approbation & le Privilege sont à la sixiéme Brochure du Glaneur François.